AF247072

Couvertures supérieure et inférieure
manquantes

AF247072

DE LA

RÉFORME JUDICIAIRE

EN EGYPTE

PAR

D. D. FARJASSE

Avocat, membre du conseil général de Seine-et-Oise,
du conseil de l'Association pour la réforme et la codification du droit des gens,
vice-président de la Société des Amis de la paix.

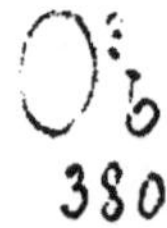

PARIS

IMPRIMERIE JULES LE CLERE ET Cie

RUE CASSETTE, 29.

1875

Cette brochure comprend deux parties : la première est un discours prononcé à La Haye, le 4 septembre dernier, dans la salle de la seconde chambre des États-Généraux, en présence des membres de l'*Association pour la réforme et la codification du droit des gens*, sous la présidence de l'honorable David Dudley Field, de New-York. Les statuts de cette association composée d'hommes d'État, de diplomates et de jurisconsultes réunis de divers Etats de l'ancien et du nouveau monde, n'accordent que vingt minutes pour la lecture des Mémoires ou de l'exposé oratoire de la question à l'ordre du jour. Pour me conformer, autant que possible, à cette disposition, j'ai dû passer sous silence les objections des adversaires de la réforme judiciaire en Egypte. Celles qui ne sont pas sans quelque valeur apparente figureront dans le texte de l'*Avis* de la cour d'Aix, que l'on trouvera plus loin, et seront appréciées à leur place. Je parlais d'ailleurs devant des auditeurs, sujets de puissances dont les assemblées parlementaires avaient adopté la réforme : c'eût donc été plaider une cause gagnée que de discuter ces objections dont déjà il avait été fait justice.

La seconde partie contient un examen critique de l'avis exprimé par la cour d'Aix sur l'opportunité de la réforme, conformément à l'invitation de M. le garde des sceaux de France.

La cour d'appel d'Aix est sans contredit respectable à plus d'un titre et, si toutes les cours n'étaient pas sur le pied de l'égalité quant au respect que l'on doit à ces savantes compagnies, je dirais même qu'elle est une des plus honorables des vingt-cinq qui nous restent, puisque depuis la guerre franco-allemande aussi insensée que lamentable, nous avons perdu

Colmar et Metz. Les magistrats qui la composent sont aussi éclairés, aussi intègres qu'on puisse le désirer. Toujours est-il que bien des gens, sans qu'il faille pour cela les taxer d'esprits chagrins ou prévenus, peuvent être portés à croire que cet *avis* émis par toutes les chambres réunies est un arrêt rendu dans leur propre cause et qu'après avoir vu le chiffre de leurs justiciables augmenté d'environ deux cent mille âmes par l'annexion des Alpes-Maritimes, elles n'aient craint de le voir diminuer de trente mille par la création d'un tribunal d'appel en Egypte. Tous les corps constitués sont jaloux de leurs prérogatives, et tel magistrat saura faire abstraction de ses intérêts particuliers dans une cause qui lui sera soumise et prononcera avec la plus parfaite équité, qui involontairement se laissera préoccuper lorsqu'il s'agira des prérogatives de sa compagnie. Cette faiblesse est inhérente à la nature humaine.

Dans tous les pays où m'ont conduit les hasards d'une existence longtemps agitée, la soif de l'instruction, l'attrait du plaisir, les rigueurs de l'exil, j'ai toujours révéré la magistrature des Etats qui me donnaient l'hospitalité. Le juge *dit la loi*. Il est l'organe du droit, de ce qu'il y a de plus sacré sur cette terre. Si donc, dans l'entraînement de la discussion, il avait pu m'échapper quelques expressions, quelques tournures de phrase peu respectueuses, je présente à l'avance mes très-humbles et sincères excuses aux personnes qui s'en trouveraient blessées, les priant de croire que l'intention n'y a été pour rien.

Le 20 novembre 1875.

DE
LA RÉFORME JUDICIAIRE EN EGYPTE

DISCOURS

PRONONCÉ A LA CONFÉRENCE DE LA HAYE, LE 4 SEPTEMBRE 1875

MONSIEUR LE PRÉSIDENT, MESSIEURS,

Si nous remontons dans l'histoire de la civilisation jusqu'à l'époque de Pierre le Grand, cet illustre élève de la Hollande, qui n'hésita pas à se faire ouvrier charpentier de vaisseau dans les chantiers de Saardam avant d'entreprendre l'œuvre de réformation du plus vaste empire de l'Europe, peu de phases se sont produites qui soient plus dignes d'intérêt que celle dont nous sommes témoins et dont la scène se passe sur les confins de l'Europe, de l'Asie et de l'Afrique. Je veux parler du prodigieux mouvement de progrès qui s'accomplit en Egypte depuis cinquante ans et surtout depuis que le canal de Suez est devenu la grande voie de communication entre l'Occident et l'Orient.

La plupart des faits que je vais exposer devant vous sont sans doute présents à vos esprits, et je serais sans excuse de traiter un sujet qui vous est si familier, si ce qui se dit dans cette enceinte n'avait pas des échos dans le monde entier, et si d'autres que vous n'étaient intéressés à les connaître.

Le gouvernement de l'Egypte, vous le savez, Messieurs, est despotique. Cette forme politique serait sans contredit la meilleure si tous les princes étaient des anges se succédant de mâle en mâle par droit de primogéniture. Malheureusement les princes ne sont pas tous des anges et nous en savons quelque chose en France.

Le Khédive ou vice-roi d'Egypte, quoique despote, est vassal du Padischah turc ou Grand Seigneur et lui paye tribut; mais en vertu des derniers firmans il peut, sans en référer à son suzerain, conclure des traités avec toutes les puissances et entretenir une armée dont le chiffre est illimité, et croyez bien que Ismaïl Pacha ne laisse pas tomber en désuétude les firmans qui l'y autorisent. Son pouvoir est donc absolu. Bien plus, un autre pouvoir sans contrôle s'exerce, *ad instar principis*, par tous les agents de la hiérarchie judiciaire et de l'ordre administratif. Comme conséquence nécessaire il en résulte la tyrannie et les désordres les plus complets à tous les degrés. C'est d'ailleurs depuis la chute de l'empire romain, si l'on en excepte la domination de quelques khalifs, le régime séculaire de l'Egypte, régime qui, à aucune époque, n'a permis à son agglomération indigène d'avoir une existence politique. C'est peut-être un peuple, ce n'est pas une nation. A cette triste cause d'abaissement est venue se joindre la confusion de l'élément religieux avec l'élément juridique dont le Coran est la base et qui a constitué avec des coutumes surannées et ridicules, quand elles ne sont pas affligeantes, un simulacre de droit : loi stationnaire, hostile au progrès, incompatible avec tout mouvement intellectuel. L'ignorance, mère de toute servitude, est le premier ministre de cette autocratie barbare que signalaient dès 1872 MM. Odilon-Barrot, Dufaure et Jules Favre, dans une consultation pour Ismaïl Pacha. Il n'y a de justice en Egypte que la forme. Le cadi, personnage religieux expédié de Constantinople, est le chef suprême de l'organisation judiciaire, et partout ses délégués, cheïks ignorants, cupides et prévaricateurs, vendent la justice plutôt qu'ils ne la rendent.

Le vice-roi désire ardemment modifier ce déplorable état de choses. Il a compris que le seul agent efficace des réformes et du progrès, c'est une nouvelle organisation législative et judiciaire, ayant pour base le droit positif européen. Il veut d'un seul bond relever un peuple de l'abaissement où le retient un régime antisocial, et le faire entrer dans le concert des nations européennes au moyen de ce puissant levier : *le droit des peuples civilisés des deux mondes.* Il entend prendre comme point d'appui l'assentiment et le concours de toutes les puissances chrétiennes qui ne lui ont point fait défaut et qui le soutiendront contre toutes résistances politiques ou sectaires.

Les adversaires systématiques de la réforme judiciaire en Egypte, abandonnant la population indigène à son triste sort, et ne considérant que d'une façon incomplète les intérêts de leurs compatriotes résidant en Egypte, prétendent avoir trouvé dans les capitulations le palladium, l'arche sainte protectrice de ces intérêts, et font autour de ces traités, dont les premiers remontent à François Ier et le dernier à Louis XV, un bruit à étourdir ceux qui n'en connaissent pas la teneur. Or, pour l'édification des gens de bonne foi, il convient de résumer en peu de mots l'ensemble des capitulations qui ne sont pas tombées en désuétude du consentement des hautes parties contractantes ou par la force des choses.

Toute l'économie des capitulations encore en vigueur, considérée sous le rapport judiciaire, se réduit à trois points ; il n'y en a pas d'autres :

1° Le domicile de tout sujet appartenant à une puissance pouvant invoquer ces traités est inviolable;

2° Si l'étranger plaide contre un de ses compatriotes, il a le droit de porter la cause devant le consul de leur nation;

3° Si c'est contre un indigène, soit au civil, soit au criminel, c'est le juge ottoman qui prononce ; l'étranger n'a que le privilége d'être assisté du drogman de son consulat.

Rien dans la nouvelle organisation judiciaire n'est contraire à ces dispositions. Voyez DOMENICO GATTESCHI. *Manuale di Diritto ottomano.* Alessandria, 1865. — FÉRAND GIRAUD. *De la Juridiction française dans les Échelles du Levant,* etc. 1866. — CHARLES LESSEPS. *Les Capitulations.* Paris. 1867. — ASSER. *Administration de la justice en Egypte.* Dans la Revue de droit international et de législation comparée, t. II. Paris, 1870. — J. C. COLFAVRU. *Lettre à M. M... sur la réforme judiciaire en Egypte.* Alexandrie. 1873. — ANGELO CAROLI. *Le Capitolazioni.* Trieste, 1874. — CHARLES LAVOLLÉE. *La Réforme judiciaire en Egypte.* Dans la Revue des Deux-Mondes, livrais. du 1ᵉʳ février 1875. — CHARLES BOYSSET. *Les Capitulations.* Dans l'Echo universel, n° du 16 février et suivants. — P. S. MANCINI. *La Riforma giudiciale in Egitto.* Roma, 1875.

La réforme respecte donc les capitulations dans ce qu'elles ont d'effectif. Elle remplace seulement une législation et une organisation arriérées et incomplètes par un régime plus en rapport avec la civilisation de notre époque et plus appropriée aux besoins incessamment croissants du commerce, de l'industrie et des transactions civiles.

L'insuffisance des capitulations se fait sentir depuis nombre d'années, et c'est pour y remédier en partie qu'on créa en Egypte, vers 1820, deux tribunaux mixtes pour les affaires commerciales : l'un à Alexandrie, l'autre au Caire. Chacun de ces tribunaux prononce comme cour d'appel sur les décisions de l'autre. Quand un tribunal siége comme juridiction de première instance, il est composé de cinq juges; quand c'est comme tribunal d'appel, il est composé de neuf. Le tribunal est présidé par un indigène auquel on ne demande aucune connaissance légale et qui n'en a aucune. En première instance sur quatre assesseurs on compte deux indigènes et deux européens ; en appel, quatre indigènes et quatre européens ; ces européens sont des négociants, des marchands, des entrepreneurs résidant dans la circonscription du tribunal et faisant partie d'une liste de notables composée au Caire de douze titulaires et de douze suppléants. Ils sont plus nombreux à Alexandrie. Les juges européens sont choisis par l'assemblée générale des notables désignés par tous les consulats. Les indigènes sont également nommés à l'élection sur une liste de notables dressée par le préfet de police.

Le code de commerce et le code de procédure égyptiens, calqués sur les codes français, sont seuls en vigueur devant les tribunaux mixtes. Ces organes de justice internationale fonctionnant en Egypte et dont l'insuffisance, la défectuosité ont frappé tous les gouvernements civilisés, devaient disparaître dans le courant d'octobre 1875 ; mais S. A. le khédive, désirant attendre que l'Assemblée nationale de la République française se soit prononcée, a, par une décision récente, prorogé l'installation des nouveaux tribunaux jusqu'au 1er janvier 1876.

Faut-il dire que jamais juge indigène ne se permettrait de condamner la Daïra (l'administration) du vice-roi ou celle d'un grand personnage ? Or, comme l'élément indigène est en majorité dans les tribunaux mixtes, puisqu'ils sont présidés par un Égyptien, vous comprenez, Messieurs, ce que doit être la justice d'une juridiction dont la majorité est composée de gens tout au moins incapables, quand ils ne sont pas sans conscience. Et voilà ce que des hommes, les uns ignorant les choses d'Egypte ou prévenus, les autres intéressés au désordre, auraient voulu conserver comme la garantie de tous les intérêts : des tribunaux ne pouvant statuer que sur des questions commerciales, et organisés comme nous venons de le dire.

Quant à l'exécution des sentences, elle est à peu près impossible, l'administration locale se mettant en travers de la justice avec une omnipotence scandaleuse, de telle sorte qu'il faut renoncer au bénéfice des jugements rendus.

Tel est l'exposé vrai et succinct des abus les plus criants que, d'accord avec les puissances chrétiennes, S. A. le khédive se propose de réformer par la promulgation des lois européennes, l'institution d'une nouvelle magistrature dont les membres européens seront désignés par les divers gouvernemens, par l'attribution aux tribunaux mixtes d'une compétence plus large, à la fois civile et commerciale, et en outre de la juridiction en matière de contravention de police.

A la place de juges ignorants, souvent sans scrupules, l'Égypte aura des magistrats éclairés, intègres, indépendants des influences locales ; au lieu d'une majorité indigène, une majorité européenne, puisque dans toutes les cours de justice les magistrats européens choisiront l'un d'eux pour président.

Il y aura trois tribunaux de première instance, un au Caire, un à Alexandrie, le troisième à Zagazig, et une cour d'appel à Alexandrie. Chaque tribunal aura sept membres : quatre européens et trois indigènes, et ne pourra siéger qu'au nombre de cinq au moins : trois juges européens et deux indigènes. La cour comprenant onze membres ne pourra délibérer qu'au nombre de neuf : cinq européens et quatre indigènes ; plus un ministère public européen invoquant le code civil français avec quelques modifications déterminées par l'élimination du statut personnel, laissé dans le domaine de la juridiction consulaire, en ce qui touche les étrangers, et de la législation ottomane pour les musulmans. La nouvelle législation se complète par le code de commerce et le code de procédure français, moins l'institution des avoués. Voilà, en peu de mots, l'économie de la réforme attendue.

Pour apprécier l'importance de l'institution de la cour d'Alexandrie, il suffit de connaître l'état actuel des choses judiciaires en Egypte, ainsi qu'il est exposé dans les procès-verbaux de la commision consulaire du Caire et dans le savant rapport de la commission diplomatique de Constantinople. Les étrangers, y est-il dit en substance, qui habitent le Levant et qui relèvent d'un consulat quelconque, ont le privilége de ne pouvoir être jugés que par le tribunal de leur consulat et, suivant la maxime universellement admise en Europe, *actor sequitur forum rei*. Il y a donc dix-sept juridictions indépendantes, trop souvent rivales les unes des autres, et autant de cours soit en Europe soit en Amérique où les justiciables domiciliés en Egypte doivent aller soutenir ou combattre les appels des tribunaux consulaires. Que d'inquiétudes sur l'issue des pourvois, que de lenteurs, que de frais seront évités aux plaideurs lorsqu'ils pourront saisir la cour d'Alexandrie de l'appel des jugements rendus contre eux, au lieu d'aller en demander la réformation à Odessa, à Rio de Janeiro, à Londres, à New-York, à Rome, à Berlin ou à Aix, suivant la nationalité de l'intimé !

Vous connaissez maintenant, Messieurs, l'ensemble de la réforme législative attendue si impatiemment dans le Levant depuis 1856;

mais ce n'est pas tout qu'un jugement bien rendu, il faut pourvoir à l'exécution. Pour cela la nouvelle organisation judiciaire arme les tribunaux d'un pouvoir direct pour faire exécuter leurs sentences, aussi bien contre l'administration égyptienne que contre les particuliers. S. A. le vice-roi et sa famille deviennent justiciables comme le plus humble de ses fellahs.

Les tribunaux mixtes sont donc complétement transformés, composés d'éléments honnêtes, instruits, ils commandent à une force capable de faire respecter leurs décisions, les balances d'une main, l'épée de l'autre. C'est la modification complète de tout le régime judiciaire et même de l'administration; car les fonctionnaires à tous les degrés, jusque-là irresponsables, vont bientôt cesser de l'être, et le gouvernement, fort des sentences des nouvelles cours de justice déterminant cette responsabilité, frappera les prévaricateurs avec une arme dont ils sentiront le poids.

Après avoir exposé l'organisation de la cour d'appel et des trois tribunaux de première instance, il convient d'ajouter qu'une justice de paix, confiée à un magistrat européen, sera instituée dans chaque ressort de tribunal; qu'il y aura en outre un tribunal correctionnel et une cour d'assises jugeant l'un et l'autre, avec l'assistance d'un jury international européen en dehors de tout élément indigène et suivant une procédure inspirée de l'esprit le plus libéral. Ainsi l'instruction se fera contradictoirement avec le prévenu assisté d'un avocat, comme cela se pratique en Angleterre, et s'il n'a pas d'avocat, il lui en sera nommé un d'office, et le prévenu pourra se défendre librement devant la chambre du conseil. A l'audience le ministère ne devra pas appuyer son réquisitoire sur la procédure de l'instruction : obligation d'une instruction orale nouvelle qui n'emprunte rien à la première. La liberté sous caution est de droit, sauf de légères restrictions.

Une police internationale assistera la juridiction réformée. Enfin les tribunaux connaîtront des affaires commerciales entre indigènes, ce qui équivaut à dire que, à l'exception des questions ressortissant aux consulats, telles que celles relatives au statut personnel des étrangers, les nouvelles cours de justice seront en fait le seul pouvoir judiciaire du pays, les seuls organes de justice.

Telle est cette réforme qu'envieraient plusieurs nations européennes.

N'oublions pas de dire que la garantie hypothécaire, inconnue en Égypte jusqu'à nos jours, est instituée par le nouveau régime judiciaire, et que ce pays, si digne de l'intérêt des philanthropes et des hommes d'État, va échapper, par la création d'une banque nationale, aux exactions horribles, inouïes des usuriers européens.

Lorsque les indigènes auront constaté que ces tribunaux rendent une justice équitable, et dont les populations de l'Orient n'ont pas même l'idée, la réformation de l'Égypte sera consommée, et l'obstacle religieux musulman éliminé sans retour du fonctionnement judiciaire. La réforme, c'est la civilisation chrétienne, pénétrant dans le monde de l'Islam, sous la toge de la magistrature européenne.

Nous n'entreprendrons pas de retracer ici les phases laborieuses qu'a traversées le projet de réforme judiciaire en Égypte, depuis l'installation à Paris, en 1867, d'une commission de jurisconsultes éminents, présidée par M. Duvergier, jusqu'à son adoption définitive par le parlement italien au mois de juin dernier, sur le rapport du savant P. S. Mancini, ancien ministre de l'instruction publique du gouvernement de Victor-Emmanuel. M. Charles Lavollée les a savamment résumées dans son article de la *Revue des Deux-Mondes*, que nous avons déjà cité. Disons en quelques mots que, conjointement avec les commissions consulaires de toutes les grandes puissances, le gouvernement égyptien a élaboré ce projet sanctionné à Constantinople, en février 1873, par les délégués de chaque ambassade; ce travail, mûrement délibéré après six années d'étude, est présenté à l'Assemblée nationale de la République française, comme l'œuvre commune de tous les gouvernements intéressés. Les conventions diplomatiques intervenues entre les puissances contractantes, stipulent une clause résolutoire, après cinq ans de mise en pratique de la réforme. On veut que l'expérience garantisse les théories des jurisconsultes et des diplomates, et c'est justice (1).

(1) La sollicitude de la diplomatie française pour les intérêts de nos nationaux a été de toutes les heures. Le 25 octobre dernier, le ministre des affaires étrangères de la République adressait encore au consul général de France à Alexandrie une dépêche dont il suffira de citer les deux paragraphes suivants :

1° L'article 11 du règlement relatif à la compétence des tribunaux en matière administrative ayant donné lieu à des interprétations divergentes, et pouvant, s'il n'était exactement défini, devenir une source de difficultés entre S. A. le khédive et les étrangers, le gouvernement français croit de son devoir de s'expliquer sur les limites dans lesquelles les effets de cette disposition doivent, suivant lui, demeurer circonscrits. Dans sa pensée, la juridiction des nouveaux tribunaux ne sauraient s'entendre jusqu'à leur conférer la faculté de consacrer la légalité des taxes, contributions ou impôts qu'il pourrait convenir à l'administration égyptienne d'établir.

4° Soit que le gouvernement égyptien ne remplisse pas les conditions stipulées, soit que le résultat de l'expérience ne soit pas satisfaisant, ou que la protection que les consuls ont le droit et le devoir d'exercer dans l'intérêt de la sécurité de leurs nationaux devienne inefficace et impuissante, le gouvernement français se réserve, ainsi que le fait la cour de Russie, d'aviser immédiatement

Nous avons vu que dix-sept nations sont intéressées à la réforme judiciaire en Égypte. Les adhésions des diverses puissances ont été successives. L'Angleterre a été la première à accepter, puis l'Allemagne, la Russie, l'Autriche-Hongrie, l'Italie, la Belgique, la Hollande, la Grèce, etc.

La France seule tarde encore à se prononcer, mais vous comprendrez, Messieurs, vous à qui la Providence a épargné le fléau de la dernière guerre, que la France n'est pas sans excuses. A peine sortie du cataclysme où l'avait plongée l'auteur de cette guerre inqualifiable, grâce aux généreux efforts d'un grand citoyen, de M. Thiers, premier président de la République française, grâce aux illustres collaborateurs que dans sa sagesse et sa connaissance des hommes, il a su associer à son œuvre, notre patrie bien-aimée a pu rétablir l'ordre menacé par l'anarchie, réparer ses désastres, asseoir son crédit, rétablir ses finances, réorganiser son armée, et fonder un gouvernement nouveau, qui n'a reçu sa sanction légale que depuis quelques mois seulement. Aujourd'hui encore ses lois organiques ne sont pas même achevées. La France devait d'abord pourvoir à ces nécessités impérieuses, et c'est à toutes ces causes qu'il faut attribuer le retard qu'elle a apporté à se prononcer sur la question de la réforme judiciaire en Égypte.

Sur l'invitation de S. A. lekhédive, presque tous les gouvernements qui ont adhéré à la réforme ont présenté leurs magistrats. Les hautes fonctions de procureur général près la cour d'Alexandrie ont été confiées à un éminent jurisconsulte belge, M. de Vos, qui déjà s'est rendu à son poste avec M. de Brouwer, son compatriote, juge aux tribunaux mixtes d'Egypte.

Si ce grand acte de réformation est le plus important que Ismaïl Pacha ait accompli dans l'intérêt de l'humanité, ce n'est pas le premier. Sans parler duconcours effectif qu'il a donné à M. de Lesseps et à la France dans l'entreprise colossale du canal de Suez, il n'est pas de souverain qui ait réalisé plus de progrès en douze ans. Il a créé la sécurité publique par l'organisation d'une police répressive sans être vexatoire, organisé l'instruction publique d'une manière merveilleuse, l'enseignement primaire, universel et obligatoire, de nombreuses écoles largement dotées pour les filles, écoles des arts et métiers pour plus de 1,200 élèves, institution pour les jeunes aveugles.

ou même de revenir au régime actuel, sans attendre la période quinquennale d'essai.

Recevez, etc.

DECAZES.

Il entretient à grands frais les établissements scientifiques fondés avant son avénement; écoles militaire, polytechnique, de droit, de médecine, de pharmacie. Il a installé des services pour le gaz et l'eau dans les principales villes de sa domination, au Caire, à Ismaïla, à Port-Saïd; de nouvelles cités sont sorties de terre. Au calendrier égyptien le vice-roi vient de substituer par décret le calendrier grégorien. Depuis l'équinoxe de septembre dernier, dans ce pays de l'Islam, on ne date plus de l'hégire, mais de la naissance de Jésus-Christ. Enfin, par un autre décret plus récent, le système métrique sera le seul légal à partir du 1er janvier 1876.

Telle est, retracée à grands traits, l'œuvre incomparable achevée par Ismaïl Pacha sur la terre des pharaons. Une fois la réforme judiciaire accomplie en Egypte, les nations civilisées compteront une sœur [de plus, et nous, Messieurs, une chance de plus d'arriver à notre but si désiré : l'avénement de la paix parmi les hommes de bonne volonté.

OBSERVATIONS

SUR L'AVIS DE LA COUR D'AIX

RELATIF A LA RÉFORME JUDICIAIRE EN ÉGYPTE

EN DATE DU 17 JUIN 1875

———

Conclusions du rapport de M. Rolland, rapporteur

1° Les critiques soulevées par le projet de réforme judiciaire paraissent fondées ; les causes qui ont rendu autrefois nécessaires les capitulations existent encore ; l'antagonisme entre les races chrétiennes et musulmanes est toujours vivant. La fusion n'est point faite. Imposer la même législation, les mêmes tribunaux, composés d'éléments si divers et si peu homogènes, à des nations encore profondément divisées par la civilisation, par les mœurs, par la religion, ce serait tenter une œuvre impossible. Il vaut mieux maintenir le statu quo.

L'honorable rapporteur résume les seules critiques qui lui paraissent déterminantes pour demander le maintien du *statu quo.* Voyons ce que ces critiques ont de fondé.

Les causes, dit-il, qui ont rendu autrefois nécessaires les capitulations existent encore.

Le *statu quo*, recommandé par l'honorable rapporteur, est condamné depuis vingt ans par toutes les puissances civilisées. Dès 1856, au congrès de Paris, les hautes parties contractantes reconnaissaient *la nécessité de reviser les stipulations qui fixent les rapports commerciaux de la Porte avec les autres puissances, ainsi que les conditions des étrangers.* Le comte Walewski, représentant de la France, adhérait à cette déclaration à laquelle concoururent quarante-six puissances. (Voyez le Protocole du congrès de Paris d'avril 1856.)

Les causes qui ont rendu autrefois nécessaires les capitulations existent encore.

Ainsi rien ne serait changé en Egypte depuis 1740. Sommes-nous donc encore au temps où nul Français ne pouvait s'établir dans le

Levant, ni même y voyager sans un firman du Grand Seigneur, et si préalablement il n'avait fourni la caution d'une maison de Marseille, où les négociants n'avaient lo droit d'habiter que dans le *fondaco* ou fondique, que la police turque tenait fermé depuis le soir jusqu'au jour, comme la ghetto des juifs à Rome. Jusqu'en 1821, ainsi que l'a justement observé M. Charles Lavollée, il n'existait en Egypte, à côté de la maison du consul, qu'une seule maison française. (Voyez la *Revue des Deux-Mondes*, livraison du 1er févrisr 1875.) De rares étrangers étaient disséminés dans les possessions de Mahomet-Ali ; quelques autres habitaient le fondique. Aujourd'hui l'Egypte compte plus de 100,000 étrangers de toutes les nations, dont plus de 30,000 sont Français, et les colonies étrangères ne cessent d'augmenter sous l'influence du progrès de l'industrie et du commerce, et conséquemment de la civilisation européenne. Quant aux voyageurs, on ne les compte plus depuis l'ouverture du canal de Suez. En 1820, le chiffre des exportations et importations ne s'élevait pas à 1 million ; en 1860 il dépassa 60 millions.

Voici comment s'exprimait M. le ministre des affaires étrangères de Belgique, le 21 mai dernier, devant le Sénat qui, à la suite de son discours, adoptait la réforme à l'unanimité des voix : « Les progrès qui se réalisent en Egypte sont trop peu connus ; ils sont arrivés à un degré d'expansion qui exige la réforme, soumise en ce moment au vote de la Chambre.

« Ainsi, pour vous donner une idée de la progression qui s'est opérée dans le domaine économique, on faisait en Egypte, en 1863, des affaires pour soixante-trois millions de francs ; aujourd'hui ce chiffre dépasse trois cents millions, rien que pour les cotons, les sucres et les céréales.

« Ses importations se réduisent, il est vrai, à cent soixante-dix millions, mais elles tendent à prendre chaque jour un développement plus considérable.

« L'Egypte a aujourd'hui 2,000 kilomètres de chemins de fer, 6,500 kilomètres de lignes télégraphiques, et l'on exécute au port d'Alexandrie des travaux pour plus de cinquante millions. Suez absorbe trente millions pour l'entretien et le complément des travaux qui y ont été faits.

« L'Egypte dépense annuellement deux millions pour son instruction primaire. Il y avait, il y a cinq ou six ans, moins de 3,000 élèves fréquentant les écoles ; on en compte aujourd'hui plus de 100,000. Je tiens à citer ces chiffres à la Chambre pour lui faire remarquer combien les progrès sont sensibles en Égypte, même dans des ordres d'idées qui ne sont pas matérielles.

« Tous les pays de l'Europe ont compris l'intérêt qu'il y a pour leurs nationaux à avoir en Égypte une justice plus complète et qui réponde mieux aux usages auxquels ils sont habitués. »

Ces faits de l'histoire contemporaine sont connus de tous les hommes d'État qui ont les yeux ouverts sur l'Orient et, d'après le rapporteur de la cour d'Aix, il n'y aurait rien de changé en Égypte depuis Mahmoud V, depuis Louis XV et le ministère du cardinal Fleury, date des dernières capitulations. On croit rêver !

Tel n'a pas été l'avis des délégués de la France, de l'Angleterre, de l'Allemagne, des États-Unis, de l'Italie, de l'Autriche-Hongrie, de la Russe, réunis au Caire en 1869 pour étudier dans ses moindres détails le plan de réforme législative et judiciaire proposé par Nubar Pacha au nom du khédive. Des observations furent faites, des modifications apportées ; l'Égypte y accéda de bonne grâce, et tous les délégués, celui de France en tête, qui avaient apporté dans leur examen la critique la plus rigoureuse, furent unanimes à approuver la plan de réforme, décision qui fut confirmée dans les premiers mois de 1870 par une commission de jurisconsultes et de diplomates qui, cette fois, se réunit à Paris. On voit quelle prudence, quel scrupule le gouvernement français a apportés dans cette question. Que n'en a-t-il été ainsi dans tous ses actes, la réforme judiciaire fonctionnerait en Égypte depuis quatre ans !

Sans doute l'islamisme n'a point été vaincu par le christianisme en Orient, mais est-ce à dire que cent mille Européens qui sont fixés en Égypte, qui y dominent par le commerce, par l'industrie sous la protection des capitulations, c'est vrai, mais aussi et surtout sous la protection d'une politique libérale, éclairée, tendant la main à tous les cultes ; est-ce à dire que, sans toucher à la religion des indigènes qui a droit au respect de tous, ces Européens n'ont pas fait dominer l'ascendant de la civilisation chrétienne ? Les habitudes de la vie, les rapports de commerce, de travail, les échanges incessants de service, ont profondément modifié les mœurs et déterminé ce rapprochement réciproque que favorise le khédive au moyen de ces créations multiples, d'institutions d'écoles où le génie de notre civilisation imprime si fortement son caractère.

Ce qui rapproche les nations, ce qui atténue les diversités et les résistances de leurs mœurs ce sont les rapports commerciaux, les habitudes d'échange, c'est le crédit. Quand un musulman accepte le crédit d'un chrétien ou le lui offre, soyez sûrs que la confiance existe entre ces deux hommes et ne craignez pas la diversité de leur religion.

La cour d'Aix, en approuvant le rapport de M. Rolland, a manqué d'un élément essentiel, pour donner à son opinion l'autorité nécessaire : la connaissance de l'Egypte. Elle n'a pas été étudier ce pays si peu connu et si digne de l'être. Elle ne la connaît que par les appels de sentences des tribunaux consulaires français qui lui sont déférés, elle l'apprécie du haut de son prétoire et cela ne suffit pas.

Il faut vivre un peu au milieu de la société qu'on est appelé à juger, si l'on ne veut pas courir toutes les chances de l'erreur et s'exposer à desservir les grands intérêts de sa patrie, en subissant soi-même des préjugés qu'il est facile de dissiper.

M. Rolland eût mieux fait de visiter l'Egypte comme l'ont fait les membres français de la première commission internationale, pour se renseigner sur le vif, et il eût remarqué que, par la force des choses, par la toute-puissance des intérêts qui, entre musulman et chrétien, comme entre gens de même religion, exerce une prépondérance irrésistible sur les rapports des hommes et sur les mœurs, l'antagonisme actuel des races chrétiennes et musulmanes n'est pas si vivace que le croit dans son cabinet M. le rapporteur Rolland. En Egypte, il aurait vu tous les travaux publics confiés à des Européens : la banque, la finance, le haut commerce aux mains des chrétiens; il aurait vu le gouvernement lui-même demandant crédit à l'Europe pour commanditer dans toute l'étendue de sa domination le génie et l'activité des Européens.

Or, un tel état de choses révèle sans contredit une situation toute nouvelle, une conquête décisive, quoique incomplète il est vrai, de l'esprit de l'Occident sur l'esprit retardataire de l'Orient; et quand, pour organiser et régulariser cette conquête, le Khédive, par un effort radical, mais qui sera subi avec respect et soumission par ses sujets, leur donne pour règle et pour protection les lois et la magistrature de l'Europe, les garanties qu'assurent ces lois et cette magistrature, est-il d'un français, d'un magistrat, d'un homme de progrès, nous dirons même d'un chrétien de faire obstacle à ce mouvement vers le bien, en disant à l'encontre de l'encouragement donné à la réforme par toutes les puissances, et par les esprits les plus élevés, les plus généreuses, les plus patriotes : *Il vaut mieux maintenir le statu quo.*

C'est ce que disait le Parlement d'Aix après 1789, quand la révolution allait lui enlever ses priviléges gothiques et donner à la nation qui voulait vivre libre les institutions propres à favoriser cette liberté.

C'est ce qu'ont toujours dit les adorateurs du passé, que troublent les progrès du droit et de la justice.

C'est ce qu'ont toujours dit les corporations qui se sont crues menacées dans leurs priviléges par des innovations dont la légitimité ne saurait avoir raison aux yeux de leurs préjugés ou de leurs étroits intérêts.

La nouvelle organisation judiciaire de l'Egypte pourra enlever à la cour d'Aix un certain nombre d'appels, et son importance comme ressort en sera amoindrie. Mais un tel argument, fût-il dominant dans les préoccupations de la cour, n'oserait se produire dans une aussi sérieuse discussion. C'est un inconvénient pour elle peut-être, comme l'annexion des Alpes-Maritimes a été un avantage, mais les justiciables ne sont pas faits pour les magistratures : c'est le contraire qu'il faut dire ; et la cour aurait dû repousser elle-même des préoccupations qui blessent les aspirations progressives et désintéressées des représentants de la justice et du génie juridique de la France.

Que la cour veuille bien se rappeler que A. S. le khédive n'impose aux Européens ni sa législation ni ses tribunaux, mais qu'il demande aux nations chrétiennes qui ont délibéré avec lui le projet de réforme judiciaire, les lois, la procédure et la magistrature qui font l'honneur, la puissance et la gloire du monde civilisé.

Le *statu quo* dont elle se fait le champion, est le désordre, l'anarchie, l'obstacle à tout progrès, à toute garantie, à toute sécurité, et si les magistrats de la cour d'Aix avaient à subir ce qu'on appelle en Égypte la justice, leur conscience se soulèverait dans le plus légitime mouvement de réprobation. Qu'ils visitent ce pays qu'ils assistent à ces navrantes parodies de la justice, et ils verront que, sans le vouloir, ils se font les défenseurs des plus odieux abus, au préjudice de notre justice et de notre dignité nationale.

2° Il suit de ces prémisses que la réforme n'est pas opportune ; elle ne produirait que de funestes effets ; elle ne ferait point disparaître les inconvénients de l'état actuel ; elle en créerait de nouveaux, peut-être plus graves que ceux qui existent.

Nous avons fait justice des prémisses ; ce sont des hypothèses assises sur des préjugés, et qui n'ont dès lors aucune autorité. Il est peu sérieux de proclamer que la réforme n'est pas opportune, par cela seul qu'on l'affirme ; car M. le rapporteur n'a pas justifié son allégation par des ipreuves, par des arguments, par une démonstration.

La réforme ne produirait que de funestes effets, dit l'honorable conseiller. Pourquoi? Quels sont ces funestes effets? — Vous n'en signalez aucun : pourtant il est permis de demander des faits, des justifications, des preuves, à l'appui d'une opinion qui vise à s'imposer avec autorité.

Elle ne ferait point disparaître les inconvénients DE L'ÉTAT ACTUEL, *elle en créerait de nouveaux, peut-être plus graves que ceux qui existent.*

Quels sont ces inconvénients? la cour s'abstient de les signaler, redouterait-elle, en le faisant, de révéler un mal tellement aigu, tellement insupportable, une anarchie si monstrueuse et si mortelle, qu'elle ne saurait justifier l'opinion tout au moins hasardée qu'elle exprime, en disant que la réforme créerait de nouveaux inconvénients plus graves que ceux qui existent?

Dites donc ce qui existe, Messieurs qui représentez la justice, et appliquez *à l'espéce* les règles que vous avez l'habitude de suivre quand vos consciences ont à juger un différend.

Qu'exigez-vous du demandeur? Qu'il justifie sa demande en *fait* et en *droit.*

Plaidez, articulez des faits, ne dogmatisez pas! Vous ne plaidez pas, et vous ne pouvez plaider.

Savez-vous ce qu'est ce *statu quo,* dans lequel vous voulez maintenir les intérêts français, les intérêts des indigènes qui, eux aussi, pensons-nous, ont droit à la justice?

Le voici :

L'Egypte a dix-sept juridictions indépendantes, procédant de dix-sept législations et maîtresses absolues de leur autorité. Aucune garantie de capacité n'est exigée des consuls chargés de rendre la justice, et la justice est administrée au Caire, par exemple, par un chancelier qui n'a jamais vu la France, et ne possède aucun titre, sinon qu'il est protégé par..... les capucins.

Les dix-sept présidents sont assistés pour rendre la justice par des gens de même nationalité ou de nationalités différentes, auxquels on ne demande même pas s'ils savent l'orthographe, et qui ne comprennent pas tous, tant s'en faut, la langue qu'on parle devant eux. Quant à la loi, ils ne s'en doutent pas. Ce sont des négociants, des courtiers, des marchands, des entrepreneurs. Voilà la magistrature de chaque colonie, voilà les capacités, voilà les garanties qu'elle présente, sans parler de son honorabilité, qu'il ne serait pas toujours prudent de cautionner. Quand on est appelé à se juger les uns les autres, et *qu'on est dans les affaires*, on a des tempéraments, des indulgences qui exposent la justice, qui l'affectent ; mais il faut bien avoir aussi quelque soin de son propre intérêt.

Quant à l'appel des jugements consulaires, il faut aller devant la cour de l'intimé, c'est-à-dire, à la cour de l'inconnu, si on plaide contre un étranger. Et alors, par une appréhension bien légitime, on prend ordinairement le parti de la résignation forcée.

Si j'ai un procès à intenter à un indigène, procès n'ayant pas de caractère commercial, il faut que j'assigne devant le tribunal local, je serai jugé par la loi musulmane, en vertu même des capitulations ; la cour pense-t-elle qu'il n'y a *aucun inconvénient* à demander justice à un tribunal dont on ne connaît ni la procédure, ni la loi, et dont le personnel n'est préparé par aucune de ces sérieuses épreuves qui président à l'initiation de quiconque en Europe brigue l'honneur d'entrer dns la magistrature ?

S'agit-il d'un procès commercial avec un indigène ?

Vous avez en Égypte, d'après un usage assez récent, deux tribunaux dits tribunaux mixtes : un à Alexandrie, l'autre au Caire, tous deux composés d'un président indigène et de deux assesseurs de même nationalité tous les trois, n'ayant aucune capacité légale, ne sachant que ce que la pratique a pu leur apprendre, plus de deux accesseurs européens aussi qualifiés que leurs collègues pour rendre la justice, chaque tribunal est pour l'autre un tribunal d'appel où l'on trouve conséquemment la même somme de lumière et de garantie pour les intérêts des justiciables à moins qu'on ne considère comme une garantie l'augmentation du nombre de ces capacités, car en appel il faut huit assesseurs, un président toujours indigène, quatre marchands, négociants ou entrepreneurs européens.

Tels sont les tribunaux appelés à trancher les plus grosses questions, à prononcer sur les intérêts les plus considérables, les plus graves, et la cour d'Aix, en admettant qu'elle connaisse cette organisation judiciaire, en a demandé le maintien ! Est-ce que des hommes de droit, s'ils connaissaient l'administration de la justice en Egypte, ne reculeraient pas épouvantés, si on leur imposait de devenir justiciables d'une aussi monstrueuse institution ?

Mais l'exécution offre de bien autres avantages encore qui recommandent hautement ce *statu qro*.

L'exécution ! Elle a lieu dans les consulats, si les consuls y consentent, et la plupart sont pleins d'une excessive tendresse pour leurs nationaux ! D'ailleurs, si le consul veut saisir, par exemple, les biens d'un administré, celui-ci les passe frauduleusement à un ami complaisant, appartenant à une autre nationalité, et qui oppose à l'officier d'exécution un titre ou une possession qu'il faut avant tout faire examiner par une nouvelle juridiction, et, sans trop de peine, on peut renouveler cette manœuvre infaillible quinze ou seize fois. Ces faits sont de tous les jours, et il n'est pas un homme de bonne foi, au courant des choses de l'Egypte, qui ne reconnaisse que c'est là une situation toujours ouverte aux gens sans scrupule, et il y en a là-bas comme ailleurs.

Quel respect résulte de ce *statu quo* pour l'idée de justice, pour le magistrat gardien de la loi et la dignité de sa nation! quelle garantie pour les intérêts légitimes! Non, la cour d'Aix n'a pas connu cet état de choses, cela seul pourrait lui servir d'excuse. *Erudimini qui judi catis terram!*

Parlerons-nous de l'exécution des jugements par les tribunaux mixtes?

Là nous retrouvons l'ignorance la plus absolue des règles les plus élémentaires. Le préfet de police, qui n'entend rien aux choses judiciaires, s'en rapporte à tel écrivain, et c'est ce dernier qui est l'arbitre. En général, c'est le plaideur qui a le plus d'appui qui réussit. C'est la seconde édition plus accentuée peut-être des consulats.

En général, aucun jugement du tribunal mixte n'arrive à exécution, ou, quand il y arrive, ce n'est qu'après les plus lents et les plus décourageants délais.

Quant aux pachas, aux grands personnages, quant aux administrations, quant au vice-roi, aux membres de sa famille, il n'y a pas pour eux de tribunaux, à moins qu'on ne consente à se présenter devant les tribunaux indigènes, qui n'auront jamais la hardiesse de condamner des pachas, des princes, et à plus forte raison le souverain.

Il y a donc toute une catégorie de personnes et d'intérêts graves, immenses, qui sont privés d'une garantie de justice, et qui est forcée de recourir pour obtenir satisfaction à l'intervention diplomatique, qui réussit quand il plaît au gouvernement égyptien, quand il plaît aux consuls, et je pourrais ouvrir ici une parenthèse, aux influences, sans calomnier la probité de bien des fonctionnaires qui ne prisent pas du tout la réformation d'un régime, d'un *statu quo* qui a pour eux de si supportables inconvénients!

Cette situation déplorable, le vice-roi, d'accord avec les consuls les plus compétents par leur pratique des choses et des hommes de ce pays, a voulu la remplacer par l'unité de législation, par l'unité de procédure, par l'unité de juridiction, par l'unité d'exécution. Voilà la réforme opposée au *statu quo*. A qui S. A. a-t-elle demandé cette unité pour remplacer ce désordre, cette anarchie, cette hydre à dix-sept têtes?

Est-ce au Coran et aux coutumes musulmanes? est-ce, au monde ottoman? Non, c'est à la loi française, dans ce qu'elle a de généralement accepté, que Ismaël Pacha a demandé le génie et l'unité de législation; c'est à l'Europe, au choix fait par les gouvernements respectifs, qu'il a demandé des magistrats pour composer le personnel de cette juridiction où l'élément indigène est en minorité, où la haute direction est confiée aux juges européens.

C'est à cette magistrature investie d'un pouvoir public, quant à l'exécution de ses sentences, que le Khédive a délégué le droit de statuer sur tous les conflits d'intérêt pouvant exister ou survenir entre lui, vice-roi, sa famille, son gouvernement, tous ses sujets et les Européens.

C'est à cette magistrature qu'il a confié le soin d'appliquer un régime hypothécaire, qui donnera au crédit européen, si fortement engagé dans les transactions avec l'Egypte, les garanties qui lui font défaut et dont l'absence restreint, au regard du gouvernement égyptien, une confiance qui pourra désormais tout attendre d'une organisation similaire à celle des États de l'Europe qui ont pris pour base de leur constitution la suprématie absolue de la loi et du droit.

Voilà les *inconvénients, nouveaux* qui remplaceront les *inconvénients de l'Etat* actuel.

En vérité, quand on lit ces erreurs, on regrette que M. le rapporteur n'ait pas visité l'Egypte et que la cour d'Aix ait condamné ce pays sans l'entendre.

La cour reproche aux nouveaux tribunaux leur composition d'éléments divers et peu homogènes!

Mais la France a-t-elle la prétention d'avoir seule le monopole des intelligences juridiques, des caractères fermes, des consciences scrupuleuses, des aspirations libérales, de l'amour large et désintéressé de l'humanité?

La cour d'Aix soutiendrait-elle sans exciter le sourire que les magistrats envoyés par les ministres de la justice d'Angleterre, d'Autriche, d'Allemagne, de Russie, des États-Unis d'Amérique, d'Italie, de Belgique, de Suède, de Hollande, de Grèce, jugeant aux cotés des nôtres, n'offrent pas toutes les garanties désirables pour faire triompher une expérience qui assurera par l'application du droit la prépondérance absolue de la civilisation européenne dans un Etat musulman dont le souverain a sollicité avec tant de constance cette intervention pour régénérer son peuple et garantir les intérêts étrangers?

Est-ce là, demandons-le encore à tout homme de bonne foi et de
; rogrès, un inconvénient nouveau et plus grave que ceux qui existent?

*3° Le plan de réforme séduit à première lecture. Il semble bien conçu; il
présente des apparences de garantie; mais, après une sérieuse étude, on en
découvre les nombreuses imperfections. Il ne peut donc constituer un progrès et promettre d'heureux effets.*

Comment! le projet organise, étend, perfectionne la juridiction
mixte qui fonctionne dans d'étroites limites avec des personnes qui
n'ont aucune connaissance légale et peu ou point d'instruction. Ce
prétendu tribunal est présidé par un indigène et juge avec une majorité d'indigènes, sans force pour exécuter ses décisions et livré à
toutes les faiblesses de la spéculation, à la fureur des passions qui
montent sur le siége avec ceux qui, juges aujourd'hui, seront jugés
demain par leurs justiciables de la veille. Tout cela est remplacé
par un tribunal composé de vrais magistrats, présidé par un Européen, avec une majorité d'Européens jugeant avec des lois et une
procédure définie, écrite, accessible à l'étude de tous. Au-dessus de
ce tribunal qui a trois siéges occupés par des Européens, le projet
institue une cour d'appel qui, présidée par un Européen, juge avec
cinq magistrats étrangers et trois indigènes. Les tribunaux et la cour
ont l'exécution directe et souveraine de leurs décisions. A côté de
cette juridiction est constitué un barreau composé d'avocats pouvant
faire partie du barreau dans leurs pays respectifs, soumis à une règle
et à une discipline, et faisant cesser la curée avide et monstrueuse
des agents d'affaires, qui sont la plaie des consulats et le chancre im-
pur de la société. Et la cour appelle cette féconde organisation, *une
apparence de garantie!*

Elle ne voit pas là un progrès, et elle affirme sans hésitation et
sans preuve que cela ne peut constituer un progrès et promettre
d'heureux effets!

A ces affirmations gratuites il n'est qu'une chose à répondre : la
cour ne connaît pas l'Egypte. Elle se trompe et trompe sans le vouloir sans doute, à qui viendrait une telle pensée, une assemblée venue
vers elle avec une confiance que la cour, à notre avis, n'a pas justifiée.

Poursuivons et nous verrons le même système se développer : des
affirmations, mais pas de faits, pas de preuves.

*4° Le projet de réforme ne sauvegarde pas suffisamment les intérêts de
nos nationaux, les garanties promises ne valant pas les garanties actuelles*

consacrées par les capitulations; les tribunaux mixtes ne remplaceront jamais pour eux la juridiction consulaire française qui leur donne la certitude d'une bonne justice, et, sans manquer à la déférence qui est due aux projets d'amélioration de Son Altesse le Khédive, on a le droit de préférer la justice française à la justice turco-européenne.

Si la cour d'Aix avait bien voulu lire avec quelque attention les capitulations qu'elle invoque, elle aurait vu qu'elles n'assurent aux Européens que les garanties suivantes : le droit pour les gens de même nationalité d'être jugés par leur consul, l'inviolabilité du domicile et de la personne, sauf l'assistance et l'adhésion du consul. En cas de procès avec un indigène, obligation de se présenter devant le tribunal musulman, mais avec l'assistance du drogman consulaire.

Voilà les seules garanties assurées par les capitulations.

Quant aux procès mixtes, rien n'est prévu par les capitulations, mais depuis quelques années on a créé ces tribunaux mixtes entre étrangers et indigènes, tribunaux dont on connaît la composition, l'autorité et la valeur.

Le projet laisse à chaque consul la connaissance des procès entre ses nationaux. Première garantie des capitulations respectée. Il maintient l'inviolabilité du domicile de la personne, les *nouveaux* tribunaux ne devant faire procéder à l'exécution des sentences contre un résident étranger qu'après avertissement donné au consulat du jour et de l'heure de l'exécution, le consul ayant la faculté de se trouver à l'exécution. Seconde garantie des capitulations également maintenue. Enfin, les étrangers pourront poursuivre les indigènes devant le tribunal nouveau ; c'est là, avouons-le, une modification apportée aux capitulations. Qu'a-t-elle de défavorable aux chrétiens? Au lieu de demander justice aux tribunaux purement indigènes du pays, composés de musulmans, les étrangers se pourvoiront devant les tribunaux nouveaux composés en majorité de magistrats européens venus des diverses cours et des divers tribunaux d'Europe. Cette magistrature remplace comme garantie l'assistance muette du drogman. Ainsi les garanties si singulièrement affectionnées et surfaites, consacrées par les capitulations sont religieusement maintenues, et c'est par une erreur inexcusable que la cour d'Aix allègue le contraire.

Les nouvelles garanties données, elles résultent de tout ce qui vient d'être dit, et il serait oiseux de les rappeler.

Que la cour d'Aix soit plus exacte en ce qui touche les éloges qu'elle donne à la justice consulaire française. Qu'on demande à ceux qu subissent cette justice ce qu'ils en pensent, et l'on verra, par les faits multiples que chaque jour fait éclore, qu'il est de notre devoir d'être plus modestes, en attendant qu'on réforme cette organisation si déplorable et si défectueuse. La supériorité de la justice consulaire de France est une illusion, et d'ailleurs il est permis aux autres nations d'en laisser aux Français le bénéfice sans partage. Le projet ne touche point à ce privilége.

Mais s'agit-il de savoir si la justice française est préférable à la justice *turco-européenne*, comme le dit la cour d'Aix avec un patriotisme un peu singulier.

Les nouveaux tribunaux jugeront les procès mixtes, et dans ce domaine la France n'a pas le droit d'imposer sa juridiction à des personnes qui ne relèvent pas de son autorité.

Seulement les autres gouvernements européens, qui se soucient au moins autant, pour ne rien dire de plus, des intérêts de leurs nationaux, pourraient relever le goût douteux de cette déclaration, qu'on dirait trop risquée, si elle n'émanait pas d'une cour aussi vénérable, car c'est la justice organisée par le concours de toutes les puissances que la cour d'Aix, dans son langage aussi peu mesuré que peu exact, qualifie de justice *turco-européenne*, et l'on peut clore la réponse à ce paragraphe en disant que l'offense du langage est la raison de ceux qui n'en ont pas de meilleure à invoquer.

5° Le fonctionnement des nouveaux tribunaux n'entraînera pas la suppression des anciens, sans distinction; les tribunaux indigènes seront remplacés par les tribunaux mixtes; mais la juridiction consulaire continuera à fonctionner pour le jugement des différends entre étrangers de même nationalité et aussi pour le jugement des questions de statut personnel, qui restent en dehors de la compétence des nouveaux tribunaux.

Cette opinion du rapporteur, parfaitement exacte, est précieuse à constater; elle détruit toutes les critiques antérieures, toutes les accusations portées contre le projet de réforme de violer les capitulations.

C'est l'aveu forcé de la vérité, aveu qui annule les conclusions du rapport et qui doit inspirer de la défiance contre la compétence de la cour d'Aix en ce qui touche le projet de réforme judiciaire en Egypte. Pour les esprits droits et sincères qu'elle aurait pu séduire, son autorité, ses critiques n'ont plus que la valeur du dénîment.

Rien, en effet, n'est changé par le fonctionnement de l'organisation judiciaire à instituer en Egypte, si ce n'est la composition et la compétence des nouveaux tribunaux mixtes. Ces tribunaux, répétons-le encore, seront composés de magistrats honorables, éclairés, représentant au point de vue de la justice les divers États de l'Europe; ils remplaceront un personnel mobile, ignorant, faible, suspect de toutes les passions de l'intérêt personnel et qu'aucun État civilisé ne saurait supporter. Ces tribunaux jugeront tout procès entre personnes de nationalités différentes et, par cela même que les magistrats appartiendront à différentes nationalités, ils seront dans ces matières le véritable arbitre qui convient à ces intérêts. Ces magistrats vivant en Égypte y étudieront l'économie toute spéciale de cette société qui se transforme à l'insu de la cour d'Aix, auront plus de compétence que cette cour pour apprécier la situation propre à chaque différend. D'autre part ils seront tout près des justiciables, tout près des renseignements qui ne seront pas frelatés comme ceux que les magistrats des cours étrangères reçoivent sans pouvoir les vérifier.

Enfin la cour d'Aix, malgré ses hautes lumières, daignera bien concéder aux juriconsultes éminents que les divers gouvernements ont envoyés en Égypte, et qui y attendent leurs collègues demandés à la France, une valeur intellectuelle et morale au moins égale à celle des consuls ou des chanceliers sans caractère, qui rendent ce que la cour d'Aix a raison d'appeler la justice *consulaire* française, pour ne la pas confondre avec celle que rendent en France les vrais magistrats de la mère-patrie.

Dans de telles conditions la cour d'Aix a toutes les raisons de se rassurer, et comme rien n'est changé au fond, si ce n'est la composition des tribunaux mixtes, avec une extension *nécessaire* de compétence que réclament tous les intérêts, il est permis de lui poser cette simple question :

Un tribunal composé de vrais magistrats, désintéressés dans la lutte ardente des affaires, éclairés, fermes, savants, est-il préférable à un tribunal composé de gens sans savoir, sans connaissances, complétement dépourvus de science juridique, sans compétence, intéressés forcément, à cause de leur profession, à ménager tel ou tel enfin sans aucune responsabilité ?

Si la cour d'Aix répond oui, et elle ne saurait répondre autrement sans encourir le reproche de se prononcer sous l'influence d'un *parti pris*, le procès de la nouvelle juridiction est gagné.

6° *Si la France n'adhère pas à la convention, la situation de nos nationaux, au point de vue judiciaire, sera la suivante : quand un Français sera défendeur, il continuera à n'être justiciable que de son consul; quand il sera demandeur, il assignera l'étranger devant le consul de celui-ci, et l'indigène devant le nouveau tribunal mixte.*

Nous en demandons pardon à l'honorable rapporteur, il se trompe. Si la France n'adhère pas à la convention, la situation ne sera pas du tout celle qu'il indique. Et cela parce que le projet répugne à cette contradiction et que les gouvernements contractants ont entendu signer une convention sérieuse, et non un compromis illusoire.

Les consulats ne connaîtront plus que des différends de leurs propres administrés. Ils refuseront, pour cause d'incompétence, d'accueillir toute demande d'un étranger, et c'est le tribunal mixte seul qui devra en connaître. Ainsi le veut la convention signée entre le gouvernement égyptien et les autres gouvernements.

Le tribunal mixte actuel ayant cessé d'exister, c'est la nouvelle juridiction qui jugera les procès mixtes; mais celle-ci n'aura de compétence efficace que sur les personnes relevant d'une autorité ayant adhéré à la réforme. Or la France ne reconnaissant pas la légalité des nouveaux tribunaux aura au moins le scrupule d'en interdire l'accès à ses administrés sous la pénalité de 1,500 livres prescrite par la capitulation de 1740, puisque l'on doit respecter les capitulations. Ce scrupule logique de la France, il est équitable de ne pas le dénier à la nouvelle juridiction et d'admettre qu'elle n'excédera pas son droit et n'offensera pas la légalité en refusant de reconnaître comme justiciable qui ne la reconnaît pas comme juge.

Conclusion : si la France n'adhère pas à la réforme, les Français ne pourront obtenir justice que dans leur consulat, et seulement dans leurs différends avec des Français; mais les capitulations leur maintiennent le droit de porter devant les tribunaux indigènes leurs différends avec les indigènes et d'y être assistés du drogman de leur consulat, et, s'il n'existe plus de tribunaux indigènes, il faudra donc en reconstituer pour eux ?

Telle sera, en cas de refus de la France, la situation au point de vue judiciaire, et il faut que M. le rapporteur renonce à l'étrange illusion qu'il donne pour base et pour justification à ses opinions.

7° Les consulats européens ne feront pas, nous aimons à le croire, un mauvais accueil aux plaideurs français qui viendront leur demander justice; le défenseur étranger ne pourra se plaindre d'être assigné devant son propre juge; si celui-ci déclinait sa compétence, ce qui nous paraît aussi peu probable que peu légal, le différend pourrait être porté devant la nouvelle juridiction.

Quant aux tribunaux mixtes, s'ils font aussi un bon accueil à nos na-
tionaux demandeurs, c'est-à-dire s'ils rendent égale justice à tous les plai-
deurs, sans distinction d'origine, ils arriveront à nous inspirer des regrets
et à nous forcer à rentrer, plus tard, dans le concert européen; s'ils la ren-
dent mauvaise, ils donneront raison à notre critique et justifieront la
méfiance qu'ils nous inspirent encore.

Votre commission propose donc de donner un avis contraire au projet de
réforme judiciaire en Egypte et estime qu'il y a lieu de maintenir le statu
quo.

Et pourquoi la cour d'Aix voudrait-elle attendre des consulats étrangers, pour les plaideurs français, un accueil que les administrés de
ces consulats n'iront plus demander au consulat de France?

Entend-elle que les puissances qui se sont fait représenter par un
ou plusieurs magistrats dans cette nouvelle juridiction commettront
l'illogisme de maintenir à leurs consuls une compétence qu'elles ont,
d'accord avec les autres puissances contractantes, remise intégrale-
ment aux nouveaux tribunaux?

La cour d'Aix a-t-elle le droit d'attendre autre chose qu'un refus
pour ses nationaux demandeurs, s'ils se présentent devant les tribunaux mixtes? Nous l'avons dit : la nouvelle juridiction a le droit,
ajoutons qu'elle a le devoir, en face de l'attitude qu'a prise la cour
d'Aix, de repousser du prétoire ceux qui ne reconnaissent pas son
autorité, et vis-à-vis desquels, en cas de condamnation et d'exécution
du demandeur, elle n'aurait aucun moyen de contrainte pour faire
respecter ses décisions.

N'est-il pas douloureux de voir des hommes de droit, des jurisconsultes, risquer de compromettre le respect qui les entoure par cette
critique qui n'a pas pu produire à l'appui de sa thèse un seul fait,
une seule preuve, montrer un tel oubli, commettre une telle infraction
aux grands et universels principes de droit, de justice, qui servent de
base au droit public européen, au droit des gens, et il faut bien le
dire à la tradition libérale de la France républicaine. Toutefois la
cour d'Aix exprime qu'elle pourra plus tard éprouver des regrets que
l'expérience confirmera, mais ces regrets-là, sous l'expression d'une
courtoisie équivoque, indiquent nettement qu'elle n'a pas une confiance bien assise dans sa propre manière de voir, et cette hésitation
accuse hautement l'imprudence de son opinion quand elle dissuade
la France de s'associer à une expérience qui l'intéresse de si près et
qu'elle contribuerait glorieusement à conduire à d'heureux résultats.

La cour nous a trop retenus en Provence et elle a trop peu communiqué avec le génie de la nation française, qui n'a que des sympathies et des élans vers les idées généreuses de progrès et de civilisation.

Les magistrats des tribunaux mixtes accueilleront avec indulgence cette promesse de la cour d'Aix de ne pas fermer son cœur aux regrets s'ils font leur devoir.

Mais que dirait la cour si un corps similaire étranger, oubliant le respect personnel, osait douter qu'elle rende une justice égale à tous, quelle que soit l'origine des justiciables, et supposé qu'elle puisse rendre une mauvaise justice, le supporterait-elle avec calme?

Un *statu quo* qu'on ne justifie que par de tels moyens est condamné, il faut qu'il disparaisse.

La cour d'Aix, en s'abstenant de motiver son avis par des faits, par des preuves, par une discussion grave, autorise tout esprit impartial et fier à penser que, si elle n'a produit aucune raison à l'appui de son opinion, de sa consultation, c'est qu'il n'y en avait pas.

Monsieur le premier président Rigaud a voulu résumer dans une lettre adressée au ministre de la justice l'opinion de la cour d'appel d'Aix. Il n'a rien dit de plus sous une autre forme que ce qu'avait avancé l'honorable rapporteur; néanmoins la loyauté dans la discussion autant que le respect qu'inspire le caractère de Monsieur E. Rigaud nous commandent de reproduire en son entier sa lettre à M. le garde des sceaux.

Aix, le 17 juin 1875.

Monsieur le Ministre,

Par votre dépêche en date du 24 mai dernier, vous m'avez manifesté le désir de connaître l'opinion de la cour d'Aix sur le projet de loi relatif à la réforme judiciaire en Egypte.

Conformément à ce vœu exprimé au nom d'une commission de l'Assemblée nationale, je me suis empressé de réunir la Cour, qui a immédiatement chargé cinq de ses membres du soin d'étudier la question sous toutes ses faces et de lui rapporter le résultat de son travail.

J'ai l'honneur de vous transmettre ce rapport, qui témoigne de l'examen le plus minutieux et le plus attentif; il vient d'être lu dans une seconde réunion générale qui a eu lieu aujourd'hui. Après en avoir discuté les bases, la Cour en a adopté les conclusions, et je me permets de grouper dans une vue d'ensemble les principaux motifs qui ont déterminé son opinion.

Les capitulations existent depuis des siècles ; elles ont toujours été jugées nécessaires. A chaque changement de règne, les souverains ottomans en ont juré le maintien.

Elles reposent toutes sur cette idée que les Français en Égypte ne seront pas soumis à une autre justice que celle de leur pays.

Leur texte le proclame nettement pour les différends existant entre les Français seuls et pour toutes les poursuites criminelles dont ils peuvent être l'objet.

Une pratique constante découlant de leur esprit les a fait appliquer aux différends existant entre des Français et d'autres Européens, et même entre des Français et des indigènes, toutes les fois au moins que les Français ont été défendeurs.

Depuis qu'il existe, ce régime a assuré à tous ceux qui s'y sont soumis, en général, et à nos nationaux en particulier, une protection efficace dont ceux-ci ont profité et dont aucun intérêt légitime n'a souffert.

La conséquence naturelle qui découle de ces prémisses, c'est qu'il ne faudra toucher à ce régime que si des raisons impérieuses le commandent et si l'on est certain de pouvoir le remplacer avantageusement.

Ce changement délicat et périlleux, qui donc le réclame et pourquoi le réclame-t-on?

Les partisans, quels qu'ils soient, de la réforme judiciaire en Egypte, parlent surtout de la multiplicité des tribunaux consulaires et des inconvénients attachés à ce grand nombre de juridictions diverses, qui ne peuvent pas régler les différends d'une manière définitive, lorsqu'il y a dans la même cause plusieurs défendeurs appartenant à des nationalités différentes; qui ne peuvent pas davantage, le plus souvent, juger la demande reconventionnelle en même temps que la demande principale, et qui exposent les plaideurs, quand la voie de l'appel leur est ouverte, à aller chercher au loin une justice supérieure à laquelle ils puissent recourir.

Sans vouloir méconnaître ce qu'il peut y avoir de fondé dans cette critique, il est juste d'observer cependant que les imperfections qu'on signale peuvent, en partie au moins, être corrigées, et que la France a offert de se prêter à toutes les combinaisons qui pourraient être faites dans ce but; mais il est à remarquer surtout qu'aucun des gouvernements européens n'a pris l'initiative de s'en plaindre et qu'ils ont tous gardé une attitude passive et expectante dans le cours des négociations; d'où il est permis de conclure que ces imperfections sont tolérables, et qu'il faut les considérer comme étant à peu près inséparables de tout régime exceptionnel et anormal.

Si c'est l'Egypte seule qui réclame, il ne s'ensuivra pas, sans doute, qu'elle n'ait pas qualité pour le faire, mais cette circonstance nous autorise à examiner de plus près la légitimité de ses griefs. Quels sont-ils?

Les indigènes, on le sait, ont, d'après les traités, le droit d'être jugés par leurs juges naturels, dans tous les cas, même lorsqu'ils sont demandeurs. Ces juges sont les cadis ou tous autres juges locaux de l'Egypte, quand les procès sont de peu de valeur; ce sont des juges supérieurs, résidant à Constantinople, quand les procès ont une certaine importance. L'Egypte se plaint de ce que ces règles de compétence ne sont pas rigoureusement observées. Si ce n'est pas là son grief unique, c'est certainement au moins son grief principal.

Mais est-ce notre faute à nous, si l'Egypte n'a eu jusqu'à présent que des tribunaux impossibles pour les petits procès, et si la juridiction qui doit juger les grands est si éloignée qu'elle en devient à peu près inabordable? Est-ce notre faute à nous si, en présence de ces règles de compétence si peu praticables, l'indigène demandeur a préféré appeler les Français devant la justice française, et même si, étant défendeur, il a souvent accepté d'être traduit devant elle?

Pour qu'une pareille pratique ait pu s'établir et subsister, il faut nécessairement qu'elle ait eu pour base la confiance. Qu'il nous soit permis d'ajouter que cette confiance était méritée, quand la justice de nos consuls était placée sous le contrôle de la nôtre. Par notre situation topographique et pala juridiction que nous exerçons, nous sommes les surveillants et les témoins de tout ce qui se passe en Egypte; et c'est là sans doute ce qui nous a valu l'honneur d'être consultés. Eh bien! la cour d'Aix affirme que, si les jugements de nos consuls n'accusent pas toujours une habitude consommée de nos formes judiciaires, ils s'inspirent tous d'une intention équitable et d'une honnête impartialité, qu'ils ne sont infirmés que dans la proportion normale des infirmations, et qu'aucun d'eux ne nous a paru entaché d'un de ces vices radicaux qui pourraient conduire à suspecter le juge et, par suite, à réprouver la juridiction qui les a rendus.

Ainsi, le régime actuel est éprouvé; rien ne montre qu'il ait péché par quelque côté saillant; il me semble, par cela seul, qu'il ne faudrait pas songer à lui en substituer un nouveau. Voyons cependant celui qu'on voudrait inaugurer à sa place.

On propose des tribunaux mixtes, devant donner une satisfaction apparente à tous les intérêts par le nombre et la différence d'origine des divers membres qui les composeront. Mais d'abord, est-il permis d'espérer beaucoup de cet assemblage d'éléments hétérogènes, dans lequel chaque juge, par la raison même qui l'y aura introduit, se croira appelé à défendre plutôt qu'à juger la cause qui lui sera déférée? On peut mesurer, dès à présent, la confiance que l'Egypte elle-même accorde à ses futurs magistrats, en voyant dans le projet les précautions qu'elle prend pour les rendre incorruptibles. Ce n'est pas tout d'ailleurs que d'offrir des juges aux plaideurs, il faut aussi leur offrir des lois, et de vagues échos nous apprennent que le code que l'Egypte a élaboré en le calquant, dit-elle, sur le nôtre, est incomplet, écourté et renferme des dispositions contradictoires ou inintelligibles.

Il ne faut pas non plus le perdre de vue, la justice de ces tribunaux mixtes sera la justice égyptienne, la justice rendue au nom et sous l'influence du vice-roi. Pour que la France l'accepte, il faut qu'il lui soit démontré que l'Egypte s'est élevée au rang des grandes nations civilisées de l'Europe; qu'il y a chez elle comme ailleurs un gouvernement contrôlé et contenu, une loi civile entièrement distincte de la loi religieuse, un pouvoir judiciaire, et qu'il n'y reste plus rien aujourd'hui de ces mœurs, de ces habitudes, de cet état social, en un mot, qui rendaient, il y a trois cents ans, les capitulations nécessaires.

A cette condition, nous en convenons, l'Egypte pourra invoquer les principes élémentaires du droit public, et il sera permis à son souverain de revendiquer le privilége de rendre la justice chez lui comme le premier et le plus bel attribut de la souveraineté territoriale.

L'Egypte fait-elle cette preuve ? Donne-t-elle au moins quelques assurances à ce sujet ? Non, voici l'analyse exacte des considérations qu'elle apporte à l'appui de ses prétentions.

L'Egypte dit d'abord que la réforme qu'elle propose ne touche pas au texte des capitulations, et que son unique but est d'abolir les usages ou les abus qui se sont introduits à leur suite. S'il en est ainsi, pourquoi ne procède-t-elle pas toute seule, et quel besoin a-t-elle d'obtenir notre assentiment ? Mais il suffit de lire le projet pour se convaincre que cette assertion n'est pas exacte. L'Egypte ne se contente pas, en effet, de créer chez elle les tribunaux qui lui manquent, cas auquel son effort eût été louable, eût mérité d'être encouragé; elle veut encore modifier profondément les règles de compétence, et c'est là précisément ce qui commande notre abstention.

L'Egypte dit ensuite qu'elle ne présente sa réforme qu'à titre d'essai, et que si l'événement ne répond pas à nos espérances, il nous sera permis, après cinq ans, ou de revenir à l'ancien état de choses ou de chercher de nouvelles combinaisons. Mais qui ne voit qu'une expérience de cinq ans est beaucoup trop longue; que le trouble que nos nationaux peuvent en éprouver sera peut-être un mal irrémédiable, et qu'il est toujours plus facile de maintenir un contrat existant que d'y revenir après avoir consenti à le rompre.

La seule expérience raisonnable qu'il fût possible de faire, la commission de 1867 l'avait indiquée. Elle admettait la création de nouveaux tribunaux avec l'institution égyptienne. Elle admettait que les indigènes n'en eussent pas d'autres toutes les fois qu'ils seraient défendeurs. Elle autorisait les Français à les accepter lorsque les indigènes les auraient traduits devant eux. Elle les soumettait même obligatoirement à leur compétence pour toutes les contestations relatives aux baux à ferme et à loyer, qui sont les plus fréquentes en Egypte. Il saute aux yeux que, réduite à ces termes, l'innovation des tribunaux mixtes constituait véritablement un essai libre et inoffensif. En effet, ou cette juridiction nouvelle aurait inspiré confiance, et celle des consuls aurait été délaissée, ou l'attente de l'Egypte eût été trompée, et chacun demeurait dans le *statu quo* sans trouble, sans danger et sans froissement pour personne.

L'Egypte dit encore que toutes les nations de l'Europe ont donné leur consentement, et que la France serait mal venue à s'isoler de cette approbation unanime. Dieu, nous garde de reconnaître ici l'emploi de cette tactique qui, lorsqu'une approbation collective est nécessaire, consiste à faire d'abord accepter le pacte par celui qui n'y a qu'un intérêt insignifiant, à se servir encore de la première adhésion pour obtenir successivement les autres et à argumenter enfin de leur ensemble pour forcer la main au principal intéressé. Des procédés de ce genre ne peuvent pas se supposer de nation à nation. Mais l'ordre dans lequelle les adhésions ont été obtenues suggère une réflexion si naturelle et si vraie qu'elle s'échappe, pour ainsi dire, d'elle-même. La France avait été la première à obtenir les capitulations, elle devait être aussi la première à reconnaître et à déclarer, ou qu'on pouvait les abandonner sans péril, ou que la réforme proposée ne leur portait aucune atteinte.

L'Egypte dit enfin, ou d'autres disent pour elle, qu'au point où en sont les choses, la France doit se pénétrer des difficultés pratiques qui résulteraient de son isolement, et qu'il importe qu'elle considère qu'au cas où elle demeurerait seule en dehors de la convention, il serait à craindre que nos nationaux n'eussent plus aucun accès auprès des chancelleries étrangères, ou ne trouvassent qu'un mauvais accueil auprès de la nouvelle juridiction égyptienne.

Cet argument, on en conviendra, tient moins de la persuasion que de la contrainte, et par cette raison seule il ne saurait prévaloir.

Comment supposer, d'ailleurs, que l'Egypte, qui a toujours reconnu avoir besoin de l'assentiment de la France, se résoudra à passer outre si cet assentiment lui fait défaut!

Comment supposer encore qu'après avoir su que l'Egypte poursuivait une adhésion unanime les autres puissances, maintiendront la leur en présence du refus de la partie la plus intéressée!

Non, l'esprit de modération et de déférence réciproque qui a présidé à toutes les négociations antérieures survivra à l'épreuve décisive que traverse la question. Le retour au pacte proposé par la commission de 1867 semble un moyen facile de dénouer tout ce conflit.

A cause du voisinage qui existe entre les rives du Nil et celles de la Méditerranée, l'Egypte a toujours été le champ naturellement ouvert à l'expansion de notre vie nationale. En nation intelligente et amie, elle reconnaîtra que sa prospérité se lie intimément à la nôtre, et elle ne voudra pas, en s'éloignant de notre justice, altérer la première source d'où cette prospérité a découlé.

M. le président Rigaud affirme que l'organisation où plutôt la désorganisation juridique de l'Egypte avec dix-sept juridictions distinctes est un état des plus satisfaisants et qu'il donne à tous les intérêts des garanties et des satisfactions très-suffisantes.

Il s'étonne qu'on réclame un changement et il demande à connaître les réclamants.

M. Rigaud, comme M. Rolland, aurait dû passer deux ou trois mois en Egypte, et il aurait constaté que tous les intérêts honnêtes réclament une justice une, indépendante, rendue avec une loi uniforme par des magistrats intègres et éclairés.

Que c'est l'absence de cette justice et l'anarchie qui en est devenue la conséquence qui ont fait réclamer l'institution par tous les hommes qui ne demandent qu'aux moyens honnêtes une fortune que le défaut d'un organe supérieur de justice a trop longtemps ouverte aux plus effrontés spéculateurs.

M. Rigaud avoue cependant que la coexistence de ces juridictions est une cause de désordre, et il offre son concours pour y porter remède.

Il reconnaît aussi la légitimité des griefs exposés par le gouvernement égyptien, mais il affirme que, si l'Egypte a le droit de se plaindre, ce n'est pas la faute de la France.

Mais pourquoi, monsieur le premier président, lui refuser alors votre concours, pour l'aider à corriger ce qu'il y a de défectueux et de funeste à tous les intérêts dans ce régime impossible dont elle veut sortir?

M. Rigaud rappelle tous les arguments de méfiance dont ont usé et abusé les adversaires systématiques de la réforme judiciaire, et il n'hésite même pas, lui, premier président d'une cour d'appel de France, à jeter l'injure du soupçon sur des magistrats qu'il ne connaît pas, sur des hommes qui portent en Egypte l'honneur et la confiance des gouvernements qui les ont délégués!

C'est là un procédé qu'il suffit de signaler pour que tout esprit délicat en fasse justice, et l'outrage de Monsieur le premier président tombe aux pieds de ceux qu'il vise du haut de son siége, *telum imbelle sine ictu*.

Les magistrats qui conseillent à la France l'isolement dans cette grande et noble expérience la poussent dans la voie où l'empire a jeté notre malheureuse patrie. Les intérêts français en Egypte, qui seuls gardent en dehors de consulats impuissants ou hostiles l'importance et le prestige de la France; méritaient que Monsieur le premier président de la cour d'Aix en prît souci un peu plus que de ceux de la cour d'Aix. La justice n'y eût rien perdu, et notre dignité n'eût souffert aucune atteinte. La cour d'Aix ne l'a pas voulu et la législation française, qui de nos jours s'introduit au Japon, elle la refuse à l'Egypte.

www.ingramcontent.com/pod-product-compliance
Lightning Source LLC
Chambersburg PA
CBHW061723060726
47597CB00006B/2542